하늬바람 스쳐간 우듬지를 바라보며

하늬바람 스쳐간 우듬지를 바라보며

발행 2014년 08월 30일

지은이 한고석
펴낸곳 도서출판 문화의힘
펴낸이 이순옥

대전 동구 대전로 867번길 52
한밭오피스텔 406호/ 등록 제117호
전화 042-633-6537
전송 0505-489-6537

ISBN 978-89-90647-77-1

|값 10,000원|

국립중앙도서관 출판예정도서목록(CIP) 하늬바람 스쳐간 우듬지를 바라보며 : 한고석 시집 / 지은이: 한고석. — 대전 : 문화의힘, 2014 p. ; cm ISBN 978-89-90647-77-1 03810 : ₩10000 한국 현대시[韓國現代詩] 811.7-KDC5 895.715-DDC21 CIP2014025205

하늬바람 스쳐간 우듬지를 바라보며

한 고 석 시집

도서출판 문화의 힘

하늬바람 스쳐간 우듬지를 바라보며

바람처럼 흘러간 세월
말하지 못하고 지나온 세월이 서럽습니다.
가슴에 담아두고 부딪히며 살아온 삶.
쪽지에 끄적이며 적었던 언어들을 문자에 실어 산파의 도움을 받아 세상에 몸을 내밀고자 합니다.

삶은 만남의 연속. 누구를 만나느냐에 따라 삶의 궤적이 달라질 수 있습니다. 많은 만남 속에 도반이자 스승인 신익선 선생님을 만나고 도움 속에서 여정을 달리하고 용기란 이름으로 이어진 삶 모든 인연들과 함께한 시간들이 가슴 시리도록 고맙습니다.
한 권의 시집을 갖고자 하는 열망 때문에 미숙함을 무릅쓰고 시집을 내고자 합니다.
첫 시집, 설레는 마음 주체할 수 없습니다.
더 열심히 글 쓸 것을 스스로 다짐하면서 모든 분들께 진정어린 감사를 드립니다.

2014년 初秋
한고석

■ 시인의 말

1. 아버지의 쉰일곱

2. 가을 나비

3. 가로등과 목련

4. 고파도 사람들

하늬바람 스쳐간 우듬지를 바라보며

아버지의 쉰일곱 1

하늬바람 스쳐간 우듬지를 바라보며

곁가지

나무의 우듬지를 밀어 올리지만
언제인가 잘려 나갈 운명의 몸

스며드는 햇빛에 겨우 목 축이며
비바람에 고달픈 길을 걷는 곁가지

우우우우 혼자 버려져 혼자 울며
곁가지로 사는 설움 아무도 몰라도

산비알에 뿌리 내린 몸통 키우며
오순도순 몸 부비며 살아가는 곁가지

눈꽃

꽃도 아닌 것이
꽃처럼 어여빼라

매화도 아닌 것이
북풍한설 나뭇가지 끝에
피어낸 꽃

향기도 없으며
벌 나비 기다리는 것
세상 너뿐이랴

등 굽은 소나무

앞산 모퉁이에
등 굽은 소나무

푸른 솔잎
가지가지 맺힐 때마다
세월의 무게에 짓눌려 터져버린
상처는 송진이 되고
살갗은 거북등 되어도

불어오는 실바람이 좋아
푸른 하늘 쳐다보며
나이테 하나 둘
그었죠

미리내

거룩한 뜻
이루지 못하고
새남터 형장에
은하수 흘러갈 때
한 목숨
이슬로 스러지네

봄바람에 꽃잎마저
피우지 못한 핏물이
하늘 물들이자
별천지 고향인 듯
별 초롱초롱
꿈속의 꿈 빛나네

부처님 오신 날에

무르익은 신심
발끝에 매어 달고
오르고 올라도
푸른 하늘 끝에는
오르지 못하는
중생의 마음

5월 푸른 날
부처님 뜻 연등에 가득 담아
빌고 또 빌어도
채우지 못하는
중생의 마음

목탁 소리 산사에 가득하고
바람에 흘러가는 구름은
그런대로 살라하네
그런대로 살라하네

커피 한 잔

선선한 가을바람이 불어온다
누가 먼저랄 것도 없이
나뭇가지에 매달린 잎은
하나 둘 제 갈 길로 뿔뿔이 흩어진다

삶은 기적소리처럼
사라져버리는 하나의 울림
햇살에 걷히는 안개같이
뿌연 그리움 남기고 사라지는 것

부대끼며 알아낸 비밀은
사라지는 것과 기억되는 것들
모두 내 것이 아닌 듯
지나온 시간이 허망으로 멈추어 선다

가닥가닥 흩어져버린 조각난 인생
주워 모아 하나 둘 맞추어 보아도
금방 깨질 것 같은
의심의 얇은 얼음 위에 있다

초점 잃은 망막 뒤의 허상
보이지 않는 내 삶의 편린들
망각과 기억 속에서
목줄기를 타고 내리는
한 잔의 커피를 마신다

교정에 서서

꿈만큼 넓었던 운동장
플라타너스는 고운 햇살 받으며
웃음 짓곤 했었지
고사리손 모아
두꺼비집 만들던 그 시절
아!
지금은 옛날

희끗희끗 희어진 머리칼
주름진 이마에 얹혀 있는 세월이여

숨 가쁘게 뛰어노는 오늘
먼 훗날 기억하겠지
다시
기억 속에 남아 있겠지

축제가 끝난 오후

사람들은 모두 떠나고
남겨진 것은 쓸쓸한 고독
독백을 연기하는 연극배우처럼
침묵에 매달려
자꾸만 멀어져 가는 추억만 잡는다

어릿광대의 독백 속에
찌든 영혼을 둘러싼 이야기
삶을 실어 나르고
꿈을 실어 나르던 일

멀어져 간 군상들은
기억 속을 비집고 들어오고
나를 닮은 그림자는
점점 키를 키워 가고 있다

촛불

길고 긴 밤 밝히기엔
제 몸 태워도 모자라
영혼을 불사르는 촛불

아픔은 더욱 커져 가고
아픈 그 만큼씩 어둠을 밀어내며
추억 속에 꼭꼭 감추어 둔 그리움
하나씩 끄집어낸다

망각되어진 기억은
무의식 저편 어두운 곳에 있고
애증의 그림자는
쓸쓸히 내 곁을 떠나려는데

갈 곳을 잃어
어둠 속을 헤매는 삶
촛불 작은 불빛 하나
내 마음을 밝힌다

저무는 강

얼마를 흘러왔을까
또 얼마를 흘러가야 할까
아쉬운 이별 다하고
못내 그리운 이
떨쳐 버리고 달려온 길

그리울 거야
쪽빛 가을 하늘 아래
풀꽃 알싸한 향기
편백나무 숲 새들의 노래

단풍은 해를 향해 붉어가고
눈부시게 타는 저녁노을에
또 다른 인연으로 맺어질
내일을 기약하며
강은 조용히 발길을 멈춘다

종이컵

비우면 비운 대로
채우면 채운 만큼
과하면 흘러 넘쳐도
욕심 없는 종이컵

받으면 받은 만큼
주면 준 대로
돌려줄 줄은 알아도
세상사 사람 마음 모르네

남기고 떠날 것은 없어도
아쉬울 것 없어
다만 비는 마음
모두 욕심 없이 사는 것

암 병동 444호실

창밖엔 가을비 내리고
바람 불어 더욱 쓸쓸한 날
지나간 날들이 어렴풋이 멀어져 가고
가슴 울리던 일들도 점점 지워지고 있다

차마 불러보지 못한 이름
가슴에 묻고
어둠은 또 다른 태양을
동녘 수평선 위로 떠올리겠지만
차마 눈을 감지 못하는 밤

눈물의 언저리를 배회하는 슬픔이
오늘도 어제처럼 뜬눈으로
죽음의 그림자를 내려놓는 암 병동 444호실

시냇물의 일생

시냇물도 일생이 있어
온갖 이별 다하고
떠나는 어두운 밤길

돌부리에 부딪혀 깨어져도
다시 숨 고르며
가던 길 가리라

편백나무 숲을 지나
여울에서 비틀거리겠지만
끊임없이 조잘거리며

미움조차 껴안고 달려
마침내 강물로
강물 되어 흐르리라

아버지의 쉰일곱

몰랐어요
쉰일곱의 나이가
이렇게 젊다는 것

아버지
먼 길 떠나시며
미소 지으시던 그때

아! 숭례문

모진 비바람에도 서울을 지키며
우뚝, 자태를 뽐내던 너
세월 속에 담겨진 너의 이야기들은
우리들 가슴속에 아련한 그리움으로
메마른 가슴속엔 희망을 안겨 주었던 너

얼마나 아팠겠니
긴 세월 속에 묻어 두었던
이야기들을 다하지도 못한 채
한순간 우리들의 잘못으로
너를 보내게 되었구나

네가 처참한 모습으로 쓰러질 때
내 가슴은 찢어지는 아픔으로 다가왔고
너의 울부짖음은
희망을 저버린 절규로 들려왔단다

이제 천년만년 우리 곁에 있기로 했던
너의 꿈은 접어두자
너의 모습은 영원히 가슴속에 남겨둘게

봄을 위하여

비워 두리라
사뿐히 오시는 봄을 위하여
마음 한구석은 비워 두리라

동지섣달 긴긴 밤
홀로 지샌 밤이 그립겠지만
노랑 저고리 분홍 치마 입고
내 봄을 맞이하리라

문밖에는 초롱불 걸어 두어
행여 오시는 길 찾아오지 못할까
어둠을 밝히리라

향긋한 풀내음으로 단장하고
지저귀는 새소리로 유혹하여
남풍 타고 사뿐히 오시는
내 봄을 맞이하리라

겨우내 닫혀 있던 가슴
활짝 열어 놓으리라

어릿광대의 탄식

서러워라 서러워라
없이 살아 죄인이 되는
어지러운 세상살이
이내 말 들어 보소

초가삼간 지어 놓고
오손도손 살잤더니
부귀영화 간 데 없고
베적삼 입혀놓고
긴 한숨만 쉬는구려

서러워라 서러워라
배때기 불러야
동기간 우애 있고
곳간 그득해야
부모 전 효도하네

어찌할꼬 어찌할꼬
이내 맘 어찌할꼬
기와집 지어놓고
웃음 꽃 피잤더니
부질없는 꿈이런가

가자니 서럽고
살자니 고통이니
불쌍타 광대 신세
어찌할꼬 어찌할꼬

네비게이션

네비게이션 없이 달려온
젊은 날
과속 페달 깊게 밟고
멈출 줄 모르는 브레이크
깜박이는 신호등
질주하던 밤거리는
꿈 많던 시절

아들 녀석 첫 월급에
네비게이션 달아주던 날
목소리 예쁜 아가씨가
전방에 과속카메라 주의하라네요

가을 나비 2

하늬바람 스쳐간 우듬지를 바라보며

가을 나비

꽃은 지는데
분주히 날아다니는 나비야
배고파도 참아
봄 오면
꽃동산 가자꾸나

어느 소녀에게

사랑은 밀물처럼 왔다가
썰물처럼 가는 것

갈매기 날개짓에
새파랗게 피멍든 파도가
미처 말하지 못하고
포말로 스러지듯
사랑은 슬픈 저녁노을

밤바다 달을 품고
어둠을 밝히는 불빛으로
너에게 남은 추억
남겨진 마지막 선물이니
일어나 하늘을 보렴

바다의 문을 열어
누군가 널 사랑할 수 있게

추억이라면

추억이라면
고이 담아 두세요

땀 흘려 오른
계룡산의 아름다움이
그대의 추억이라면

관음봉의 아름다움도
삼불봉에서 만난 그리움도
고이 담아 두세요

조잘거리던 은선폭포
말없는 묵언 수행이지만
먼 훗날
말해주리다
계룡산의 아름다움을

산바

태풍아 불지 마라
갈바람에 바삐
길 떠날 채비 서두르는
마른 풀잎들
화들짝 놀라 떨어진다

가을 언저리
함초롬히 핀 들꽃도
외마디 절규 토하고
봄부터 애태우는 농부는
후드득 떨어지는
알곡에 놀라
마음 다 타들어 간다

풀잎, 농작물은 놔두고
멀리 저 멀리 태풍아
내 영혼의 찌든 때
쓰린 생애를 날리렴

내 안에 나를 멀리 날리렴
산바여, 갈 태풍이여

산바 : 2012년 제16호 태풍

파타야의 밤

이국의 땅
어둠은 야자수 잎을 따라
가로등 불빛 희미한데

밤하늘의 달은
외로운 작은별의
동무가 되어 주고
바닷가 모래는
파도와 속삭이는 밤

달빛은 정겨운 미소를 짓건만
함께 걸었던 그 사람 어디 가고
살랑살랑 불어오는 바람은
빈 가슴만 채우는가

한진포구에서

잊혀진 아스라한 기억
연락선 오가며
이별을 노래하던 곳

바닷물 차오르면
거친 파도 헤치며
통통배 길 떠나리라

그대 떠난 빈자리
위로의 말을 찾지 못해
내 마음은 희미한 안개 속
바다 건너 평택항에 닿는데

잊어야 할 그대
차마 잊지 못하고
서성거리는 한진포구

강아지풀

창문 너머 강아지풀
고개 숙여 인사하는 아침
산들산들 부는 갈바람에
떠날 채비 서두르는지

여름 내내 머물렀던 자리
인사라도 하고 가려나
모진 폭풍우 삼켜낸 몸에
주룩주룩 내리는 가을비

어디서 우리 다시 만날까
아침 창문가의 강아지풀

겨울 개나리

차마 말하지 못하고
떨리는 입술로
온몸의 냉기를 바라만 보았어

양지쪽에 가지 뻗어
시린 손 가득히 햇살을 쥐고는
필 거야 다시 피어낼 거야

칼바람 강하게 휘몰아쳐도
제 영혼의 온기로
노오란 꽃 피울 겨울 개나리

가을에는

시끄럽게 울어대던 매미도
마지막 생을 말해주고 떠나가듯
줄지어 피어 있는 코스모스를 따라
소리도 없이 한 걸음씩 떠나리라

욕심으로 흘리는 눈물이 아니라
진정 사랑하는 사람들을 위해
울었던 지난날들을 남겨두고
낙엽 따라 떠나리라

싱그럽던 봄날의 기억
푸르던 여름의 황홀함도
두고두고 아껴가며 보고 싶은 기억

수많은 삶의 무거운 걸음
어느새 돌아갈 수 없을 만큼 와 있지만
갈수록 걸음은 무거워지고
가야 할 길은 점점 멀리 보이는 것 같다

삶은 허망한 것
헛된 인생을 살아간다는 것은
오늘도 내가 혼자임을 아는 것

세월은 지는 노을처럼 붉기만 하고
바람에 떨어지는 꽃잎일지언정
고고하게 지는 석양처럼
가을에는 떠나리라

도비도의 갈매기

비바람 치는 날에도
파도를 가르며
나아가는 연락선 뒤를 따라
한 조각 삶을 위해 비상한다

난지도 뱃길 따라 던져진
고달픈 삶이지만
날아야만 한다

빵 한 조각에
목숨을 던진 우리
날고 싶다, 저 하늘높이

바다를 향한
우리의 꿈이
이루어지는 날까지

달맞이

지울 수 없는 그리운 눈빛
잊을 수 없는 사람아

서성이는 너의 모습
내일도 너의 소식 물으며
그리운 마음 홀로 써 내려 가겠지

사르륵 떨어지는 가랑잎
스산한 바람 불어와
지우고 싶은 기억 다시 떠오르지만
언젠가는 꼭 다시 찾아야 할 기억이기에

이렇게 가슴 아파하며
창문 너머 금오산 자락에
환한 미소 띠며 떠오르는 달
살며시 끌어 가슴에 안아본다

두타연

말해도 좋으련만
가슴에 품고 온 말

서러워 서러워
눈물지으며
소리쳐도
그대 마음 알 길 없어

금강산에서 가져온
분단의 아픔
전해 주어도 좋으련만

굽이굽이 흘러
또 다른 서러움 품으려나

두타연 : 강원도 양구군 방산면 건솔리에 있는 자그만 폭포. 민통선에 위치

동춘당 소묘

이글거리는 태양 아래
배롱나무 활짝 꽃피었는데

고즈넉한 담장 너머
내려앉은 서까래
꼿꼿한 선비정신 짓누르고

담장에 걸린
개성냉면 현수막
청빈낙도 저버렸나

빗장 걸린
동춘당 고택
쓸쓸한 마음만
내려놓는다

동춘당 : 조선 효종 때 대사헌, 이조판서, 병조판서를 지낸 동춘당(同春堂) 송준길(1606~1672)선생의 별당

수덕고개

고운 님 떠나보내고
고운 님 찾아 오르던 길

꼬불꼬불 인생 길
돌고 돌아 찾아 온 길

피눈물로 얼룩진 여정
잊지 못할 추억도 있다마는

속세에 인연 사려두고
나 홀로 가는 고행길

어느새 일주문 너머에서
살포시 미소 짓는

수덕사 대웅전 고운 님

봄 마중

겨울바람 스쳐간 들판에
허허로운 밑동만
쓸쓸히 빈자리를 지키고
우듬지에 매달린 겨울은
차가운 바람을 움켜쥐고
햇살 한줌 바라기만 하는데

구름 없는 파아란 하늘엔
쪽빛 내음 흐르고
오신다던 봄은 아니 오네

노을 진 석양 밭에
지난봄의 기억 고이고이 간직하며
오늘도 기다리건만
무심한 봄은 아니 오시네

봄비 내리는 밤

어둠이 깔리고
어머니 젖줄 같은 봄비가
밤을 적십니다
갈 곳 없는 마음에
두려움의 빗물 스며듭니다

낯선 곳에서의 기다림은
뒹구는 꽃잎처럼
서글픔만 가득합니다

가슴 가득 품었던 설레임
피어오르는 꽃망울같이 환한 미소
숨가쁘게 돌아가는 초침에 올려놓은 채
봄비 내리는 밤
마음속에도 비가 내립니다

겨울 배추

50년 만에 찾아온 추위 견디지 못해
얼어 죽은 듯 찾는 이 없는 배추밭

흰 눈 속에 묻혀
한 겹 한 겹 속살 드러내도
금이야 옥이야 대접받던 시절 있었던 배추

배추꼬랭이 언 땅에 꼬옥 박고
달면 삼키고 쓰면 뱉어내는
세상 가시 삼키며
봄이면 봄동으로 다시 피어날 겨울 배추

드르니항의 추억

갯벌 위에 누워
바다를 바라본다
만선의 기쁨을 회상하며
바람에 몸을 맡기고
빛바랜 웃음으로
옛날을 바라본다

갯벌 위에 누워 있는 낡은 배 한 척
다시 바다를 꿈꾸지만
내리쬐는 태양 아래
맥없이 눈살만 찌푸린다

힘차게 던져본 릴낚시
세월만 낚여오고
시인은 허기져
추억을 줍는다

가로등과 목련 3

하늬바람 스쳐간 우듬지를 바라보며

꽃이 되어

당신을

사랑하기에

그토록 사랑하기에

내 한 잎의 꽃이 되어

그대에게

피어납니다

가시버시

참고 견디며 살아온 세월
눈물로 채워도
믿음 하나로 버텨 왔어요

갈대와 같이 흔들림 속에서
사랑은 꽃이 되고
어둠이 깊을수록 별은 빛났어요

운명처럼 다가온 당신
생각해 보고 또 생각해 봐도
나에게는
오직 당신만이 내 사랑

살아온 날들
바람 속에 묻히는 꿈일지라도
당신 만나 좋았지요

우리는
언제나 애오라지 사랑
함께 가는 가시버시

하늬바람

파아란 하늘에 나래 펼쳐
코스모스 향 가득 싣고 오니
옛 사랑 그 이름 아껴 불러보네

가슴깊이 맺은 정은
아무리 잊으려 해도 잊을 길 없어
촛불처럼 타오르네

달아난 세월처럼
아픈 기억들 훌훌 털어
샛바람에 모두 날려 보내고

돛단배 띄워
우리의 사랑 두둥실 실어
보낼 수 있으면 좋으련만
하늬바람은 아직도 불지 않네

동반자

만남이 기쁨이 될 수 있었던 것은
함께 가는 동반자이기 때문입니다

눈 내리는 저녁 길
그대의 안전한 귀가를 기원한 것은
그대를 사랑하기 때문입니다

어제의 만남이
기억되는 것은
또 다른 만남이
기다려지기 때문입니다

사랑의 노래

아름다운 내 사랑
피아노 선율에 실어
노래하고 싶어요

높은음자리에선
같이 불러요

아쉬움이 가득할 때면
되돌이 음표로
다시 올 수 있도록 해요

우리의 사랑이 식어갈 때면
쉼표로 쉬어 갈지라도

나 그대만 생각하며
노래 불러요

그대의 피아노 선율에 맞춰
아름다운
사랑의 노래 불러요

해바라기 당신

다른 몸에서 태어나
한 몸으로 만난 당신
비단 고르다 베옷 골랐다고
당신이 뱉어낸 말들이
가시가 되어 가슴속에 박히곤 하였지요

긴긴 겨울밤 벼갯잇 적시며
담장 밖 그림자 찾아 헤매던 당신
마음속 깊이 담아둔 서러움이
내 가슴속 짐이 되어 매달립니다

언제나 한번 남들처럼 풍족한 삶을 사느냐고
푸념을 뱉어 내던 당신의 말들이
허공을 돌고 돌아 귓가에 맴돕니다

이제는 당신 손끝에 매달린 세월이
아리하게 가슴을 조여오고
눈가에 그어진 삶이 아픔으로 다가옵니다

한세상 해바라기처럼 살아온 당신
이젠 해가 산 끝에 매달립니다

가로등과 목련

창가에 기대어 바라본
가로등과 목련

앙상한 목련나무 곁에 두고
아무도 알아주지 않는 고독 속에서
밤마다 꿈을 꾼다

하얀 목련꽃 피어나면
가슴에 묻었던 그리움 하나
울컥 토해
밤하늘에 띄워놓고
깊고 깊은 사랑의 의미를
모두에게 말하기 위해

가로등은 어둠을 밝히며
오늘도
하얀 목련이 피어나기를 기다린다

그리운 너에게

처마 끝에 머물지 못하고
앙상한 나뭇가지 사이로
스쳐가는 바람아
끝내 뿌리치며
총총히 돌아섰던 그날
그리움이 눈물 되어 흘러내렸지

밤은 깊어 가고
머물 곳 없는 내 마음은
너를 찾아 헤매고
어둠속을 달려온 섣달 그믐달은
창문가에 머물며 기웃거리는데

보듬어 주고 싶은 내 사랑아
사랑이란 소중한 언어로
내 안에 스며드는 희망으로
꽃 피우는 이름 하나
그리운 너

그날

내 눈가에 눈물 맺히던 날
창가에 빗물
슬픔처럼 흘러내려요

다하지 못한 말
차마 하지 못하고
돌아서는 당신의 뒷모습은
빗물 같아요

이별 앞에
슬픈 미소 짓고
돌아설 수 없는 발걸음은
천근만근

가을비 촉촉히 내리던 그날
당신 울며 떠난
그날

의항리 일몰

고운 당신 모습
눈동자에 새겨도
입가에 분홍빛
미소 띠며 가신다 하면

파도에 밀려오는 그리움은
내 가슴에 담아 두오리

나는 당신 곁에
당신은 내 곁에
슬픈 이야기
남기지 말자 했거늘

바닷가 모래알은
아직 때 이른
여름 이야기를 준비하고
이별에
파도도 말이 없네

울지 않을래요

당신이 떠난 후
난 울지 않을래요
그리움만 가슴 가득
당신과 함께 했던
지난 시간들만 기억할래요

바람에 흘려버린
당신의 속삭임
눈에 가득 고인 당신의 눈물
행복한 시간이었어요

비 오는 날이면
당신 생각하며
창가에 당신의 마음 그려 볼래요
당신이 나에게 전해 주었던 따스한 마음

가실 때에는
그리움은 가져가세요
내가 당신을 그리워하듯
당신도 나를 생각하며
달빛 가득한 밤하늘에 미소 지어 주세요

하늘이 다시
우리의 시간을 허락한다면
가슴속 가득 고인 눈물
당신께 드리지요

당신 있어 행복했습니다

다사다난했던 한 해를 보내며
지난 시간들을 돌이켜보면
당신 있어 행복했습니다.
함께 했던 시간들은 돌아올 수 없지만
함께했던 시간들은 행복했습니다

같이 가는 길
환하게 웃던 날도
찌푸린 하늘처럼
우울했던 날들도
당신 있어 행복했습니다

이제 저물어 가는 한 해를 보내며
노을빛처럼 아름답지는 않지만
그래도
당신 있어 행복했습니다

기억 속에
담아 두고픈 당신이기에
밤하늘에 빛나는 별처럼
당신 곁에
환한 미소가 가득하시길
두 손 모아 기원합니다

당신 있어 행복했습니다

나눔을 위한 기도

– 나주 연수회를 마치고

내 하루의 노고가
그대에게 큰 기쁨이 되게 하소서

내 작은 미소가
그대에게 웃음으로 다가가고

나를 위해 박수치지 않고
그대 위해 큰 박수 보내드리겠습니다

함성 가득 머물던
나주의 하늘에서
뜻을 새긴 우리들 마음
영원한 추억으로 남지 않고
새로운 기억으로 되돌아오게 하소서

그리하여
내 작은 씨앗이 썩어
그대에게
아름다운 꽃으로 피게 하소서

비록
작은 마음에서 시작하였지만
크게 쓰여지고
훗날 되돌아보며
웃음 짓게 하소서

봉사란 이름으로 만난
우리들
영원한 만남으로 이어지게 하소서

꿈이었나요

아침에 일어나면 잊혀지는 꿈같이
지난 세월들이 꿈이었나요

아지랑이 피어오르는 언덕길에
심어 두었던
우리들의 이야기도 꿈이었나요

돌아서는 당신의 눈물 속에
감추어 두었던 사랑도
잊혀져야만 하는 꿈인가요

개구리 슬피 울던 밤
별빛이 쏟아져 내리고
창문가에 아로새겼던
당신의 눈빛
잊혀야만 하는 꿈인가요

덧없이 흘러간 세월
붙잡아도 붙잡아도
돌아올 수 없는 세월이
꿈같이 흘러간 시간들인가요

봄볕이 아쉽습니다
환하게 피어오르는 꽃잎이 아쉽습니다
다시 꿈같이 흘러갈 테니까요

용봉산 소나무

비 오면 비 맞으며
바람 불면 흔들리는 갈대처럼

홀로 핀 야생화 벗 삼아
내포 뜰 바라보며
나 거기 있으리

용을 닮아 용봉이라 했나
금강을 닮아 소금강이라 했나

노적봉 아래
미륵 부처님 가슴에 안고
나 거기 있으리

도가니

들을 수 없는 세상이라면
말할 수 없는 세상이라면
차라리 보여주지나 말 일이지

곱게 피어난 담장 위 넝쿨장미도
기쁨을 함께 할 누군가가 필요하고
길옆 수줍게 피어 있는
이름 모를 들꽃조차도
모두가 사랑해 주기를 간절히 원하는데

말할 수도 들을 수도 없는 세상
가슴 속 깊이 담아두기엔 너무 벅차
스치던 수많은 기억들
언제인가는 잊혀질테죠

꽃잎네

바람 불어 다다른 곳
꽃잎네

창가에 기대어 선
시인의 마음은
미소 지으며 모두를 반기네

보글보글 끓여주는 김치찌개는
시를 지어내듯
감미로운 맛으로 변하고

꽃잎네 정식은
예약을 해야 먹는다던데
예약 없는 내 인생은
언제나 꽃잎네 정식을 먹어 보려나

예당호

내 어찌
속 깊은 네 마음을 알 수 있으랴마는
말해도 좋을
옛 이야기 어디에 두고
봉수산 가득 품고 있나

이야기해 보렴
백제 부흥군의 처절한 절규도
칠흑 같은 어둠속의
의좋은 형제 이야기도

빨래터 아낙들의 웃음소리
무한천에 흘려보내고
물안개 피는 아침 햇살에
하얀 그리움 찾고 있나

창경궁 소나무

처마 끝 골바람 따라
스쳐 간 영욕의 세월

구중궁궐 노랑 꽃 창포
하릴 없이 피고 지건만
외로워라 주인 잃은 자경전

옛 모습 어디가고
지아비 사모하는 마음만 남아
이름 모를 잡초 무성한데

통명전 넉 창살에 비친
애증의 긴 그림자
보고도 못 본 체
창경궁 노송은 말이 없네

고파도 사람들 4

하늬바람 스쳐간 우듬지를 바라보며

이모

엄마가 보고 싶을 때
쳐다보는 그 얼굴

깊게 패인 주름에
흰머리는
세월 가득 담아 두었네

오손도손 모여 앉아
소꿉장난 하던 자매들
어디에 두고

홀로 그리움
가득 품고 있나

가난한 자의 노래

타박타박 길을 걸어도
소복히 쌓인 눈길을 걸어도
남는 것은 오로지
외로움 속에서 찾아오는 공허뿐

일그러지는 삶 속에서
어쩌면 나의 존재는
태어나기 전부터 이미 예고되어
훙건히 젖어가는 가난의 둘레를
벗어나지 못하는가 보다

잊혀진 옛 기억 속에
조각난 퍼즐을 맞추며
절대 빈곤 속에
모두가 내 소유가 아님을 되새기며
실낱 같은 희망을 안고 살아가지만
보이는 것은 심연의 구렁텅이

앞을 보아도 뒤를 보아도
보이는 것은 모두 허상
보이지 않는 것에 집착하며
무엇을 잡으려 허우적거리는가

삶은
언제나 빈손으로 가는 무전여행
죽음으로 가는 길목

시든 낙엽 속에
새 생명은 돋아나겠지만
겨우내 나뭇가지는
홀로 바람을 맞는다

등잔불

심지 내려
홀로 밝힌 밤
할머니 옛 이야기 들어라

북쪽 지게문 뚫린 구멍으로
새어드는 바람에
가녀린 몸 춤사위도 고와라

띠살문에 그림자 만들어
쪽방 가득 불꽃 피워
어깨 너머 기웃대던 등잔불

전깃불 들어오자
할머니 따라 사라졌어라

겨울밤

동지섣달 긴긴 밤
등잔불 심지 돋워
양말 깁던 어머니

놋 화롯불
온기 잃어가고
동치미 한 사발로 허기 달래며

봉당 안 달빛 가득한데
툇마루에 걸터앉아
마실간 지아비
밤새 기다리던 겨울밤

다듬잇돌

방망이 두드려 적삼 만드시네
광목에 물 한 모금 적시어
밤 이슥토록
가난을 등에 지고 온 어머니,
광목 행주치마에 눈물 꼭꼭 찍으시며
모진 어둠을 탁탁탁 탁탁 털어내고 계시네

서러워라 두드리고 두드려도 꿈쩍 않는
다듬잇돌이 이제는 내 눈물샘을 두드리네

아버지의 지게

산골 무논 다랭이 서 마지기
식구들 살아갈 호구지책으로 일구어
가을 찬 이슬에 베잠뱅이 적시며
벼이삭 한 짐 지게 위에 올려놓고

뉘엿뉘엿 해는 서산에 기우는데
지고 갈 어깨는 무겁고 갈 길은 멀어도
반겨줄 사람 있어 가벼운 발걸음

지게에 한 짐 가득 지고 온
세월도 멈춰서고
헛간에 덩그러니 나뒹굴던 지게는
어느새 내 어깨 위에 놓여 있다

아버님 영전에

아버님 뜻 기려
향불 사루어 놓고
두 손 모아 비옵나니

하늘의 꽃이 되어
푸른 별 되어
영생하시옵소서

당신이 놓고 간 그리움
마주쳤던 그 눈길
보듬었던 그 마음도
끝내 보내드려야 하는 애달픔

눈물조차도 흘릴 수 없는 슬픔
가득 머금고
오늘이 마지막인 것처럼
다시는 뒤돌아보지 않을 듯이
등 돌려 가시지만

잠시 스쳐간 인연일지라도
당신과 나 곱고 귀한 인연이길

백년이 지나도 시들지 않는 꽃처럼
아침 햇살에
영롱한 이슬 머금고
항상 마음속에
피어나소서

신리 90번지

내 어머니가 시집 와
시집살이 하던 곳
겨울바람 휑하니
머물지 못하고 떠나가는 곳
여름이면 별빛이 쏟아져 내리고
멍석 깐 마당에는 모깃불 피워놓고
온 가족 정을 나누던 곳
봄이면 개구리 밤을 새워 노래 부르고
뒤뜰에는 꽃들이 도란도란 이야기하던 곳
꿈에도 잊히지 않는 내 고향집

어머님 산소에서

앞산 모퉁이 돌아서면
어머니 따라 걷던 길
다시 오마 한 말씀 없이
신작로 따라 가시던 길

하늬바람 스쳐간 우듬지 자리에
뻐꾸기 소리 외롭고
손에 잡힐 듯 고향집 가까운데

길 끝나자 여전히 반기며
품어 주시는 사랑에
잡초 무성한 봉분을 안고
왈칵 쏟아낸 눈물

불러 보고 싶습니다

봄이 오고
꽃들은 다시 피어나건만

한평생 좋으시단 말
한 번 못 하시고
가슴속 담아 두신 서러움
강물처럼 흘려버린 세월

품고 또 품어
큰 꿈 키워
자수성가 이루라시며
불 밝혀 주시던 어머니

이제는 가슴속
눈물 되어 서러움 되어
당신이 흘려버린
강물처럼 흘러갑니다

불러도 불러도
소리 없는
대답만 가득할 뿐

동트기 전
다시 오마 한 말씀 안 하시고
새벽길 떠나신
어머니

동기간

나 없어도
우애 있게 지내라 일러주신
어머니 말씀 귓전에 맴도는데
가슴속엔 알 수 없는 아쉬움만 남아

아득한 기억의 저편에서
달려오면 잡힐 것 같은
그리움 한 움큼

옹기종기 모여 앉아
할머니 옛날이야기 듣던 시절은
꿈결같이 지나가고

오늘도 너의 모습 그리는 것은
물보다 진한 핏줄로
맺어진 우리이기에
우리 사이 칼로 물 베기인 것을

차표가 없다

가도 가도 끝이 없는 길
멀게만 느껴지는 고향길
그리운 이는
떠오르는 달빛에 비추이고
외로운 내 마음은 호수에 잠긴다

반겨줄 이 없는 고향이건만
이제나 저제나 눈물뿐
마음은 고향 산천을 향하고
늘 떠나지 않는
그리움으로 남아 있는데

남들은 다 오고가는 고향
가고 싶어도
찾아갈 차표가 없다

고파도 사람들

섬이 좋아
섬에 사는
고파도 사람들

갈매기 높이 날면
뱃머리 가로림만 바람 따라 띄우고
무너진 성벽에 옛이야기 담으며

해당화 곱게 핀 갯벌자락
바지락 소라 잡으며
배고픈 허리띠 졸라매고
살아 낸 억척 인생길

찾아오는 이 없어도
마을마다 웃음꽃 피우며
배고파도 행복한
고파도 사람들

* 고파도 : 서산시 팔봉면 고파도리

흰 고무신

지랑풀 끈 묶어
별을 옭아매던 그 시절

어린 꿈들도
이마 주름살에 묻혔나

안부조차 잃어버린 토방에서
불러보는 친구여

흰 고무신의 친구여

고향 하늘

맑고 푸른 고향 하늘아
조각구름 안고 어디로 가느냐

하늘 높이 나는 연에
별빛 담아 꿈을 엮어가며
두둥실 내 마음에 얼레를 돌리던
아름다운 고향 하늘아

어언 어버이 떠난 그 자리에
먼 길 돌아와 내가 있는데
이순의 나를 안고 어디로 가느냐

고향무정

사립문 따라 나와
마주 잡은 손 놓지 못하고
언제 다시 올래
묻지도 못 하시던 어머니

손수 빚은 음식
바리바리 싸주시며
타향 객지 몸성히 잘 있거라
흔드시던 손

세월 뒤에 웅크린 채
마음 둘 곳 없는 고향
타버린 마음
부표처럼 흔들리고

오늘도 여전히
흘러가는 진위천

고향은 있건만

반겨주는 사람 없고
정 전해주지 못하는 곳
아스라한 기억들이 전설처럼 들려오고
숨바꼭질하며 지내던 동무들은
하나둘 우리 곁을 떠나갔습니다

고향도 이제는 낯선 타향
가슴에 품어 주시던 어버이
내 손으로 흙에 묻어두고
그리움에 눈물 흘립니다

고향은 빈 가슴속에 머무르고
흐르는 세월에 아쉬움만 더해 갑니다

삽교천 뚝방

삽교천 뚝방에 달이 뜨네
잊은 줄만 알았는데
고향 마당 나폴거리는 코스모스가
이른 봄 버들피리 불며
뚝방 길을 걷고 있네

아득한 꿈길 걸어온 물안개엔
봉숭아 꽃물 곱던 밤이 오고
잊은 줄만 알았는데
갈대숲 흔드는 달그림자에
가을 고향풍경이 있네

찾아 헤매던 고향
삽교천 뚝방에 둥근달로 떠오르네

동강, 동강이여

아우라지 설움 실어
뗏목 띄운 사공님들
청령포 돌아갈 제
한 맺혀
푸른 멍든 마음 한 오라기
단종의 한도 실어
한양 땅에 전해주오

서평

시의 호명을 통한 허기虛飢의 진단과 극복

– 한고석 시인론

신익선(시인, 문학평론가)

시의 호명을 통한 허기虛飢의 진단과 극복
– 한고석 시인론

신익선(시인, 문학평론가)

1. 시의 부름

한고석의 시, 그리고 한고석의 첫 시집이 되는 한권의 시집. 이 한 권의 시집을 내는 일은 시의 부름 없이는 안 된다. 시를 쓰는 주체의 기원은 우주에 편만한 신비로운 운동체인 어떤 울림, 즉 시의 부름을 듣고 그에 응답하여 '시를 쓰는 일'이다. 삶이라는 전쟁터의 아비규환이나 천지간에 홀로 아득한 고독, 고뇌, 그리고 달마조사의 면벽 칠 년에 이르는 명상이나 사소한 일상에서의 번쩍거리는 영감靈感, 혹은 관음觀音, 그리고 어린아이의 동심처럼 순전무구純全無垢함은 모두 시가 부르는 유일무이한 시의 이름이다. 시가 시인을 불러, 모여진 시들로 시집을 형성하면서 자리를 잡는 일이 시집 출간이다. 시집을 펴냄으로써 시는 독특하고 유일한 자신만의 거처인 제 집을 찾는다. '갖는 일'이 아닌 '찾는 일'로부터 시작하는 시 쓰기의 이력을 일러 시의 집을 찾는 시인이라 명명할 수 있다면 이는 시의 부름, 즉 시의 호명에 다름 아니다.

한고석의 첫 시집 상재는 이러한 시의 부름에 있다고 보아진다.

간난艱難의 역경들이 왜 없었으랴. 단장斷腸의 절망이 왜 없었으랴. 경사지傾斜地를 겨우 버티고 올라와 흘린 눈물이 왜 없었으랴. 폭풍한설을 견딘 소나무처럼 푸르른 시맥詩脈을 찾아서 푸르른 청춘의 계절인 청·장년기를 지나쳐 이순耳順이라는 노년에 맞닿아 부르는 한고석만의 고유한 음절들, 그 음절들의 꺾어진 탄성과 잦혀진 한숨들의 집합체가 바로 이 시편들이다. 시집의 묶음은 이렇게 집요하고 줄기찬 시의 부름으로부터 출발한다. 논리적인 개념이나 정신의 능동적인 힘에 기인하는 것이 아닌 의식을 초월한 어떤 의식의 부름, 이를 일러 한고석에게 시의 힘이 찾아오는 지경이라 한다면, 이는 부박한 세태의 경박한 풍조가 인간본연의 아름다운 정신을 훼손하는 이 어지러운 지경에서 만나는 삶의 오아시스다. 또, 현실이라는 사막을 통과하면서 노년에 이르러서야 음미하는 한고석 시의 이름이다. 동시에 시인의 길에 들어서서야 사소한 것에서 소재를 택하는 한고석 시가 부르는 시인 한고석에의 호명이기도 하다.

2. 허기의 인식에서 출발

한고석의 여러 시편 곳곳에서 가장 빈번하게 접하는 대상은 '허기'이다. 삼라만상森羅萬象의 생명 현상들은 일

제히 향일성向日性, 혹은 주광성走光性의 성질이 있다. 햇살을 향하여 맹렬하게 가지나 줄기, 잎을 뻗어나간다. 심지어 인삼이나 더덕 등과 같이 음지를 선호하는 식물들도 햇살의 살갗으로 스스로를 키워간다. 햇살이 있어야만 영양을 만들어 내는 광합성 작용은 비단 동식물에 국한된 것이 아니다. 선사시대 이래로 인간들 역시 햇살 좋은 남향바지에 터 잡아 살아왔다. 음습한 기운이 감도는 칙칙하고 어두운 곳보다는 따스한 햇살이 비치는 밝고 따스한 곳을 선호해 온 것이다. 그러나 현실이라는 터널은 반드시 양지만을 인간에게 주는 법이 없다. 특히 시인은 역류 또는 탁류에 근접한 혼탁한 황톳물이 넘치는 척박하고 음습한 동네에 짐을 내려놓는 경우가 비일비재하다. 온몸에 흙탕물 튀기며 넘어진 채로 신음하면서도 모함의 돌팔매질 당하기 십상이다. 자주 그 자리에서 자신에게 위해危害를 가하는 원수와 한 밥상을 마주하며 숙식을 하는 일도 흔하다. 언어를 상실하는 실어증의 상태에 이르길 무수히 반복하는 속울음들, 가히 백치白痴에 가장 근접한 어리석음의 우듬지가 시인의 성장점이다.

어찌 세세히 그를 논한단 말인가.

시인의 삶은 원래 고달프고 원래 어려운 이름이다.

시인은 가난과 벗하면서도 그를 탓하지 않는 아둔한 자의 이름이다. 더 나아가 가난을 묵묵히 즐기면서 한편으론 기꺼이 고독을 마주하길 즐기는 무모한 자의 명

칭이다. 지상에서 외로움을 사랑하는 외로운 짐승의 이름이기도 하다. 이것이 천지창조의 태초부터 이어내려오는 시인의 숙명이다. 그러므로 시인의 일생이란 원래가 가장 뜨겁고 가장 강렬한 우주의 에너지원인 햇살에서 멀리 비껴서 있다. 햇살의 현란한 불빛은 모두 세상과 세상 사람들의 몫, 시인의 시어들은 햇살에서 오히려 추위를 느낀다. 한고석은 시의 호명을 듣는 시인의 출발을 '허기'로 규정한다. 조금만 데 세밀하게 현미경을 대보면 시인의 삶은 기실 추위로 얽혀 있다. 누가 시인을 일러 천형의 길을 간다 하였는가. 시인의 일대기는 춥디추운 오동지 섣달의 한지寒地보다 더 혹한인 것이다. 시인들이 탄생 이상으로 죽음을 고대하는 경우라든가 삶의 허기를 맞이하는 일에 익숙한 것은 시인의 태생지에 근거한 시인들의 별 볼 일 없는 일상사이다.

일상에서 그러한 허기, 그 허기의 근원은 먼저 경제적 결핍에서 온다. 경제적으로 시달림을 받는다는 것은 개체의 위계에 심각한 정체성 훼손을 가져온다. 생존을 위협받는 일, 생계를 잃는 일은 그야말로 막막지경이다. 처참지경은 이때를 일러 하는 말이다. 시인들의 고독은 가제 무거운 등짐인데 그 위에 입에 풀칠하며 사는 삶의 걱정이라니! 하늘 아래 홀로 울음 우는 절대 고독자로서의 무수한, 그러면서도 희귀한 시인들의 외침들은 그래서 존재한다. 불세출의 조선조 최대 시인이었던 손곡蓀谷(이달李達의 아호)이 있다. 그는 실토하길 '백방으로 먹고살 길을 찾았으나 도저히 먹고살 길이 없었다'면서 탁월한 시인이었으나 목숨줄을 연명해야만 하는 삶의 지난함을 탄식하곤 하였다. 험난한 세상에서 시인이 제 한 몸 살아가는 일도 만만치 않은데 가족 건사까지 더하면 이의 중압감은 필설로 형용키 어려운 면이 내재한다. 세계경제를 장악한 유태인의 탈무드에는 '돈주머니가 비면 행복은 창문 너머로 도망간다'고 쓰여 있다. 대부분의 시인들에게 있어 경제적 소용에 반하는 일이 시 쓰는 일이다. 시를 써서는 생계를 꾸릴 수 없다는 이 익숙한 절망감, 이 친근한 모멸감, 이 현란한 죽음에의 동경을 뭐라 설명할 것인가.

먹고사는 방편으로 시를 쓴다는 것은 대개의 시인들에게 있어 거의 불가능한 일이다. 이렇듯 대개의 시인들을 그 가족들의 관점으로 평한다면 시인들의 시 쓰기는 가족들이 시인 대신 마시는 독약과 동일하다. 시인의 허기는 가족들의 허기로 이어진다. 천상과 지상에서 허기를 덧치는 삶이 시인의 삶이다. 그도 모자라 허기는 시인의 육체를 갉아먹는 격한 통증과 함께 절망이라는 팻말을 던지기 일쑤다. 운명의 표상일까, 시 쓰기는 시인의 운명에 긴 슬픔의 긴 메아리를 남기면서 주광성의 햇살에서조차 허기지지만 그러나 정신은 한층 더 빛을 발한다. 시어를 윤택하게 하고 시인의 영혼을 빛나게 한다. 이것이 시인, 시 쓰기에 있어서의 '허기'의 비밀이다. 한고석은 바로 이 면을 주시한다.

①분주히 날아다니는 나비야
배고파도 참아
봄 오면
꽃동산 가자꾸나

–「가을 나비」 전문

②동지섣달 긴긴 밤
등잔불 심지 돋워
양말 깁던 어머니

놋 화롯불
온기 잃어가고
동치미 한 사발로 허기 달래며

봉당 안 달빛 가득한데
툇마루에 걸터앉아
마실간 지아비
밤새 기다리는 겨울밤

–「겨울밤」 전문

①의 시편은 '추위'를 바라보는 화자의 시선이 처연하다. '꽃'이 지는 가을이니 나비의 날갯짓은 고단하다. '분주히 날아다니'는 것은 나비이기도 하지만 시적 화자이기도 하고, 모든 물상들이기도 하다. '분주히' 살아가지만 '배고픈' 삶의 극한에 견뎌야 하는 고단함을 뒤로 한 채 내뱉는 말인 '배고파도 참아/봄 오면/꽃동산 가자

꾸나' 타이르는 모습이 흡사 보릿고개를 넘던 시절에 이 땅의 어머니들이 배곯는 이 땅의 아들들에게 들려주시던 자장가와 유사하지 않은가.

'나비'에게 있어 갈 겨울 지나고 맞이하는 '새봄의 꽃동산'은 격려가 아닌 '죽음'에 대한 성찰이다. 나비는 가을을 날고는 겨울에 죽을 것이다. '배고파도 참으며' 가을을 버틴대서 나비가 장차 다가올 '새봄'을 맞이하는 일은 없다. 시인은 시인이면서 인간이고, 인간이면서 고통을 섭취하는 영혼이다. 다른 사람들보다 예민하고 섬세한 감수성이 그들의 무기이다. 무기래야 고작 연약함, 탄창에 장전하는 것은 스스로를 관통시킬 치명적인 연약함이다. 시인은 스스로에게 고독함이라는 총신을 마주하길 즐긴다. 한고석의 「가을 나비」는 '가을 나비'를 빙자하여 스스로에게 발사하는 고독의 통증이다. '나비'를 통하여 일시적이고 한시적인 가을, 겨울을 목전에 둔 가을이라는 삶의 현장을 제시하면서 '배고픈' 스스로에게 발사하는 힘겨운 사투의 한 단면이자 한 현장이다. '나비'가 오는 봄을 말하나 겨울을 견디지 못하고 죽듯이 시인 역시 자신이 써가는 시구 '나비의 봄'처럼 시, 시인들이 잘 사는 이상향을 목도치 못하고 죽을 것이기 때문이다.

②의 시편에 들면 ①의 시편을 심화시킨 흔적이 역력하다. '가을 나비' 는 '어머니'로 환치된다. '가을 나비'가 날아간 뒤의 계절은 '동지선달'이다. 일 년 중 가장 춥고

긴 밤이 이때의 특징이다. 서정이 넘치는 '등잔불 심지'는 근래 들어 이미 사어死語, 오래된 고어다. 그러나 '등잔불 심지'가 주는 이미지는 간단치 않다. 동지섣달 기나긴 밤을 지새운 것은 등잔불이다. 그나마도 석유를 아끼려는 어머니들의 근검절약은 이마저 사용하는 것을 허락하지 않아 자꾸만 불 끄기 일쑤였다. 우리 어머니들은 사시사철 등잔불 아래 자식이 신다 헤진 양말을 수선하는 일을 하셨다. 눈 내리는 겨울밤은 길다. 먹거리도 변변치 않았다. 긴긴 겨울밤에 등잔불을 밝히고 놋 화롯불 식어갈 즈음이면 으레 '동치미 한 사발'을 퍼먹으며 겨울을 나던 그 옛날의 정경을 그려낸 작품인 「겨울밤」은 '허기'의 극한상태를 서정적으로 묘사한 시편이다. '봉당 안 달빛 가득한데/툇마루 걸터앉아/마실 간 지아비/밤새 기다리는 겨울밤'은 이미 고어로 변한 '봉당' '툇마루' '마실' 등등의 유정한 언어를 앞세워 겨울철의 육체적 허기를 그리고 있으나, 실은 따사롭고 도타운 정을 노래하는 시편이다. 일종의 퇴행의 관점으로도 보아지는 회상에 기대어 한고석이 풀어 낸 것은 '허기' 이면서 동시에 '허기'로 인하여 더욱 친밀해지고 따뜻해진 '가족애'인 것이다.

이 밖에도 '해당화 곱게 핀 갯벌자락/ 바지락 소라 잡으며/배고픈 허리띠 졸라매고(「고파도 사람들」 일부)'에서와 같이 '허기'는 한고석 시의 중심부를 강타하는 메타포다. 의지할 곳 없이 육체적으로 고단하고 심리적으로 고달픈 탓일까, 이들 시편들에게서 허기의 냄새가 너무도 짙게 풍겨난다. 여기에는 풍요로웠던 어머니의 젖가슴을 떠난 유랑민으로 떠돌다가 일생을 마치는 현대인들의 모성성 상실에의 쓸쓸함과 외로움이 깊이 삽입되어 있다. 시란 원래가 사람에 대한 그리움을 담아내기 좋은 그릇이어서일까, 그리움에의 줄거리들, 시편 곳곳에 '그리움'이라는 물꼬가 한고석 시의 대지를 관통하고 있다는 말이다. 이는 다시 '외로움' '고적함'이기도 하다. 농밀한 고적감이 전체 시편에 촘촘히 배어 있어 흡사 당대唐代 최고의 시인이었지만 실의와 좌절로 평생을 산 두보杜甫의 겨울시편인「지후至後」의 끝 두 소절 '수극본빙시견흥(愁極本憑詩遣興 근심이 많아 시에 의탁하여 흥을 풀어) 시성음영전처량(詩成吟咏轉凄凉 시가 지어져 읊으니 더욱 쓸쓸하고 슬퍼진다)'에 연달아 이어진 시편들이 아닌지 착각이 들 정도이다. 즉 이 시대를 살아가는 현대인들은 풍요로움 속에서 '배고픔'을 느끼는 슬픈 종족인 것이다. 유정한 '과거'에의 회상으로 '오늘'을 상실하는 '배고픔'을 슬픈 현대인들의 상처로 보면서 시편 곳곳에서 한고석은 만물을 약동시키는 힘의 원천인 햇살에서 오히려 허기를 느끼는 것이다. 이른바 허기는 이렇게 '겨울밤'에 살고 있는 시적 화자의 쓸쓸한 자화상의 다른 표현이라 보아지지만 이는 허기야말로 찬란한 정신 영역의 명징성을 더해 주는 가장 중요한 매개체라는 인식이 저변에 깔려 있다 하겠다.

3. 고향 상실의 갈증

①가도 가도 끝이 없는 길
멀게만 느껴지는 고향길
그리운 이는
떠오르는 달빛에 비추이고
외로운 내 마음은 호수에 잠긴다

반겨줄 이 없는 고향이건만
이제나 저제나 눈물뿐
마음은 고향 산천을 향하고

—「차표가 없다」 일부

②맑고 푸른 고향 하늘아
조각구름 안고 어디로 가느냐

하늘 높이 나는 연에
별빛 담아 꿈을 엮어가며
두둥실 내 마음에 얼레를 돌리던
아름다운 고향 하늘아

어언 어버이 떠난 그 자리에
먼 길 돌아와 내가 있는데
이순의 나를 안고 어디로 가느냐

—「고향하늘」 전문

③고향은 있건만 반겨주는 사람 없고

정 전해주지 못하는 곳
아스라한 기억들이 전설처럼 들려오고
숨바꼭질하며 지내던 동무들은
하나 둘 우리 곁을 떠나갔습니다

고향은 있건만 왠지 낯선 타향
가슴에 품어 주시던 어버이
내 손으로 흙에 묻어두고
그리움에 눈물 흘립니다

고향은 있건만 빈 가슴속에 머무르고
흐르는 세월에 아쉬움만 더해 갑니다

―「고향은 있건만」 전문

'허기'에 수반하는 생체 특성 중 하나는 '갈증'이다. 설령 '허기'가 사라졌다 하여도 목마름마저 사라지는 것은 아니다. 갈증 증상을 심화시키는 것이 허기가 가져다주는 일례다. 목마름, 혹은 갈증의 시편인 위 ①은 일테면 고향상실의 애가哀歌다. '가도 가도 끝이 없는 길/멀게만 느껴지는 고향길'은 '고향'이라는 이상향을 상실하였다는 갈증의 표식이다. 허나 '반겨줄 이'가 사라진 고향을 그리면서 '눈물'로써 '고향산천을 향하는' 이 '마음'은 무엇인가. 여기서 시적 화자의 '눈물'의 이미지는 어버이를 그리는 영원한 향수다. 사랑을 상실해본 경험이 있는 사람은 현재 사랑에 대하여 집착에 가까운 태도를 보인다. 호되게 앓아본 사람은 건강에 대하여 남다른 애착을 더하는 것과 같은 이치다. 고향을 그리워하는 사람의 공통점은 반드시 고향을 떠나온 사람들이라는 것이다.

개체의 탄생의 시절과 이 세상을 처음으로 접하는 유년의 추억이 담긴 고향. 무無에서 탄생시킨 무형의 형질을 키워 한 사람으로, 하나의 인격체로, 한 집의 가장으로, 사회인으로 성장하게 한 유일한 대지인 고향은 그러나 인간의 대지에서 머물기만을 고집하기 어려운 하늘나라의 에덴동산이다. 어쩌면 저 영원한 그리움의 대명사인 어머니, 아버지, 형제, 자매는 금단의 사과를 따먹은 이브였는지 모른다. '그리움'은 망각의 유속에 휩쓸려 서서히 하나 둘, 하늘로 귀향하여 지상에는 더 이상 에덴이라는 행복, 에덴동산이라는 행복동산이 존재하지 않는다. 낳고 자란 고향땅은 더 이상 고향이 아닌 마음속에 떠도는 관념으로 깊이 패여 상처로 얼룩진 눈물의 고향하늘로 존치된다. 그런 의미에서 ②의 시편은 망향가望鄕歌다. '어연 어버이 떠난 그 자리에/먼 길 돌아와 내가 있는데/이순의 나를 안고 어디로 가는'이라는 망향의 장단이 구슬프게 울려 퍼진다.

③의 시편 또한 '고향은 있건만', 어버이 돌아가시고, 동산에서 뛰어놀던 유년의 친구들도 하나 둘 떠나간 '고향 없음의 표기'이다. 시적 화자는 '그리움'의 '눈물'을 흘리지만 '고향'은 이미 '낯선 타향'으로 변모하여 버린 지 오래인 '아스라한 기억들이 전설처럼 들려오는' 곳이

기 때문이다. 정든 고향을 그리워하며 다시 예전의 정을 떠올리지만, 고향엘 가도 더 이상 고향이 아닌데, '고향은 있건만' 우겨대면서 고향을 그리워하는 근원은 어머니다. 소중한 추억, 소중한 동경의 심지, 소중한 영혼의 둥지인 '어머니'에의 회상이야말로 영원한 시적 상상력의 화석化石 아닌가.

사립문 따라 나와
마주 잡은 손 놓지 못하시고
언제 다시 올래
묻지도 못하시던 어머니

손수 빚어낸 음식
바리바리 싸주시며
타향 객지 몸성히 잘 있거라
흔드시던 손

–「고향무정」 일부

고향이 고향으로 등장하며 누구나의 뇌리에 그리움의 대명사로 각인되어 있는 이유를 찾는다면 단언컨대 그것은 '어머니'로 인함이다. 모태 없이 생명 탄생의 법열을 상상할 수 없다. 어머니의 젖가슴 없이 생명 사랑의 가치를 말할 수 없다. 터지고 갈라진 어머니의 손길 없이 생명 운동의 약진을 설명할 수 없다. 실로 '어머니'라는 말에는 우주의 온갖 신비와 신기함과 비밀이 담겨

져 있다. 위 시 「고향무정」은 '사립문'을 나서면서 기억에 저장된 '어머니'를 회상하는 어머니를 그리는 사모곡이자, 그리운 고향의 '어머니'를 만나고 뵙는 피안의 현장인 것이다. 그래서 시인은 '방망이 두드려 적삼 만드네/광목에 물 한 모금 적시어 밤 이슥토록/가난을 등에 지고 온 어머니(「다듬잇돌」 일부)'라든가, '심지 내려/홀로 밝힌 밤/할머니 옛 이야기 들어라(「등잔불」 일부)'라는 유년 시절의 향수 어린 비망록의 일단을 꺼내놓길 반복하는 것은 의식 깊이 저장된 그리움의 물꼬가 토해내는 고향 상실의 갈증에 기인한다. 이렇게 한고석의 시에는 지구를 둘러싼 세계의 총체성이나 우주의 심원한 질서에 대한 통찰 등의 거대한 담론보다는 여리고 섬세하지만 철저하게 주관화 된 기억의 실타래가 뭉쳐져 있다. 이는 '갈증', 고향 상실의 갈증에 해당된다.

4. 자연이 주는 힘

자연은 순환과 반복을 연속한다. 시냇물은 흘러가고 호수는 밤을 맞는다. 숲속의 나무들은 '나무의 우듬지를 밀어 올리지만/언제인가 잘려 나갈 운명의 몸/… 생략 …/산비알에 뿌리 내린 몸통 키우며/오순도순 몸 부비며 살아가는 곁가지(「곁가지」 일부)'처럼 곁가지를 키우면서 몸체를 키워간다. '호롱불'이라든가 '사립문' 등등 인간의 마을에서의 기억이 춥고 으스스하였던 것에 비하여, 한고석의 자연은 은밀하지만 농후한 몸짓으로 새로움의 밀어를 내뿜는다. 자연에 닿아서만 소망을 품고, 자연에 이르러서만 운명 개척의 끈을 조용하지만 힘차게 끌어당긴다.

①차마 말하지 못하고
떨리는 입술로
온몸의 냉기를 바라만 보았어

양지쪽에 가지 뻗어
시린 손 가득히 햇살을 쥐고는
필 거야 다시 피어낼 거야

칼바람 강하게 휘몰아쳐도
제 영혼의 온기로
노오란 꽃 피울 겨울 개나리

—「겨울 개나리」 전문

②배추꼬랭이 언 땅에 꼬옥 박고
달면 삼키고 쓰면 뱉어내는
세상 가시 삼키며
봄이면 봄동으로 다시 피어날 겨울 배추

—「겨울 배추」 일부

마치 운명교향곡의 우렁차고 약동적인 음향을 들려

주는 듯 시적 자아의 촉수는 미세하지만 뚜렷하게 강인한 생명의지를 표출하고 있다. ①의 시편에서 보듯이 '양지쪽에 가지 뻗어/시린 손 가득히 햇살을 쥐고는/필 거야 다시 피어낼 거'라는 이 처연한, 그리고 결연한 주장이 내쏘는 시선은 뜨겁다. 동토의 땅을 환하게 뒤덮어버릴 새 생명들의 새로운 계절, 봄의 환희와 기대가 감정 이입된 상관물로 등장시키는 '겨울 개나리'는 그러한 새로운 생명 에너지다. 험한 세상을 살아가는데 생을 짓누르는 무수한 '냉기'를 이겨내는 치료제는 다름 아닌 '칼바람 강하게 몰아쳐도/제 영혼의 온기로/노오란 꽃 피울 겨울 개나리'로 특정지워진다.

자연이 주는, 또는 자연에게서 수용하는 한고석의 삶의 의지는 이렇게 자연으로부터 근원적인 힘을 얻는다. 생에 대한 치열한 투지와 현실을 극복하려는 냉철한 의지는 오직 자연에서만 발현하는 한고석의 아방가르드적 양상이다. 생명 탄생의 시원이 어버이로 표상되는 고향 또는 유년에의 기억이고, 어버이와 고향을 상실한 망향의 갈증이 시적 자아의 고통스런 독백이라면, 이 둘을 포괄적으로 아우르면서 다독거려 주는 새로운 재생 에너지, 어려움을 극복하면서 미래를 향하여 치달려 나가는 강인한 삶의 동기부여는 자연이 틀림없다. 이렇게 자연은 점차 한고석 시편의 새로운 생명 부름이자 새로운 생명 율동의 태동점인 것이다. 이와 유사한 동향의 시편이 ②의 시편이다. 여기서 '겨울 배추'는 '세상 가시 삼키며/봄이면 봄동으로 다시 피어날' 강인한 생명의 표현이다. '겨울'이라는 삶의 차갑고 척박한 환경에서 비상하는 유일한 길은 평범한 것 같지만 '자연'에 근접하여, 자연과의 교감을 나누면서 새로운 힘, 약동하는 새 힘을 얻는 모습들을 그린다. 바야흐로 이런 관점이 한고석의 자연관이다. 일반적인 시인들의 자연에 관한 접근방식도 되는 이러한 시도를 통하여 '제 영혼의 온기'를 찾는 일이야말로 한고석 시의 가장 긍정적이고 적극적이며 운명극복적인 단면이다. 한고석의 또 다른 시편인 '새벽 청정한 솔바람 내며/나이테 늘여가는//앞산모롱이 돌아/등 굽은 소나무 아래 나도 서 있다(「등 굽은 소나무」 일부)'에서는 더더욱 자연과의 동화를 그리고 있다. 그러다가 급기야 자연과 혼연일체가 되는 드라마를 펼쳐내기에 이른다.

당신을
사랑하기에
그토록 사랑하기에
내 한 잎의 꽃이 되어
그대에게
피어납니다

―「꽃이 되어」 전문

'꽃'은 자연의 최대 정점이다. 꽃은 자연의 영혼이며 가장 고귀한 아름다움인 침묵이다. 특히 사람의 마음을 아름답게 가꾸어준다. 그래서 예전부터 현인들은 청복淸福이 있는 사람이라야 능히 꽃을 사랑할 수 있는 복을 누린다 하였다. 여기서 복은 행복을 의미한다. 사람이 살아가는 이유가 '당신을 사랑하는' 것이란 목적이 되고, 스스로 '꽃'이 되어 사랑하는 사람이 분명한 '그대에게/피어나는' 일이라면, 이 시점부터 행복을 말할 수 있다. 삶의 모든 '허기'와 모든 '상실'의 고뇌는 광대무변한 자연의 치유 내지는 안식에 안착하였다는 인식이 이 시편에 고스란히 담겨 있다 할 것이다.

5. 맺는말

어느 시대나 그 시대의 다양한 사회 문화적 특성들이 존재한다. 한고석은 여러 시편들을 통하여 시대의 특성과 개인의 취약점을 일종의 '허기'로 진단한다. 이 시대의 특성 중 하나는 공유나 소통의 방식을 차치하고 시인 자신을 비롯하여 사회 구성원들이 '허기'에 시달린다고 본 것이다. 이는 단순히 배고픔이 아니라 갈증의 배고픔, 정서의 배고픔이다. 즉 식탁에서 밥을 먹음으로써 채워지는 욕구가 아니라 욕망을 채우고자 하는 욕구에의 허기다. 이는 인간성의 원형이자 모태인 고향 상실이라는 현대적 삶의 방황과 실의에서 오는 번뇌의 갈증을 짚는다. 그리고는 궁극적으로 한고석은 그에의 치유방식으로 자연을 제시한다. 자연과의 동화同化를 추구하는 서정적 대상인 자연을 통하여 치유불능의 '허기'와 '갈증'을 치유하는 동시에 새 힘을 추구하는 것이다. 육체만이 아닌 영혼의 명징성을 포함하여 말이다. 좋은 관점이다. 반면에 상당수의 시편들의 호흡이 늘어진다. 시어들의 고착적인 정형성에다 시행이 너무 길다. 이러한 현상들은 다분히 사물과 영상들을 관념화 시킨 탓이다. 특히 시어에서의 새로운 이미지 창출도 깊이 고민해야 할 대목이다. 그렇더라도 시의 부름을 듣고 뛰어나가는 한고석의 시의 자세는 부지런하다. 가일층 정진하여 한고석의 시세계가 날로 윤택해지고, 시처럼 삶이 윤택해지며, 더 나아가 시와 삶을 비롯한 온 생애가 온전히 아름다워지기를 염원한다.